AF314350

Collection M. D.

Objets d'Art Musulman

Antiquités

de l'Egypte et de la Grèce

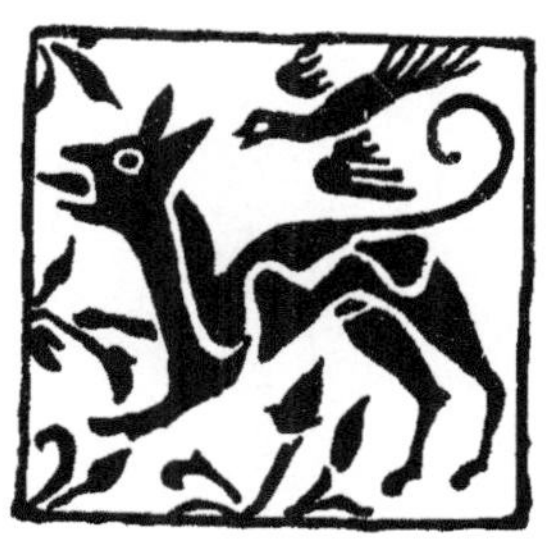

PARIS. — 1911

COLLECTION M. D.

❧ ❧ ❧ ❧

Objets d'art musulman

Antiquités de l'Egypte et de la Grèce

CONDITIONS DE LA VENTE

Elle sera faite *au comptant*.

Les adjudicataires paieront *dix pour cent* en sus des enchères.

L'exposition mettant le public à même de se rendre compte de l'état et de la nature des objets, il ne sera admis aucune réclamation, une fois l'adjudication prononcée.

COLLECTION M. D.

OBJETS D'ART MUSULMAN

Antiquités de l'Égypte et de la Grèce

BRONZES - CÉRAMIQUES - VERRES
CUIVRES INCRUSTÉS
MINIATURES PERSANES ET HINDOUES

DONT LA VENTE AURA LIEU A PARIS

HOTEL DROUOT, SALLE N 10

Le Mercredi 8 Février 1911, à 2 heures.

Mᴱ F. LAIR-DUBREUIL
COMMISSAIRE PRISEUR
6, rue Favart, 6

Expert : M. Marcel BING, 10, rue Saint-Georges

EXPOSITION PUBLIQUE

Le Mardi 7 Février 1911, de 2 heures à 6 heures.

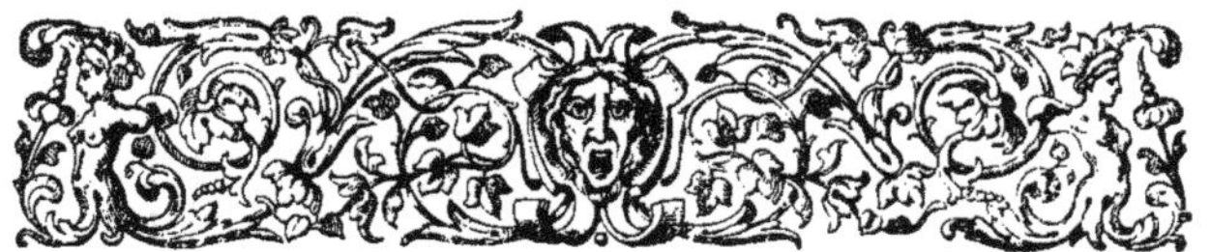

ART ÉGYPTIEN

1 — Statuette d'Isis, brisée au-dessous du genou, marchant, vêtue d'une tunique transparente. Bronze vert. Art Thébain.
Planche 1   Haut , 15 cent.

2 — Tête d'Osiris brisée au cou, avec la haute coiffure. Bronze vert. Art Thébain.
Planche 1.   Haut., 7 cent.

3 — Petit épervier sur une base. Bronze vert. Art Thébain.
Planche 1.   Haut., 4 cent.

4 — Petite statuette d'Osiris marchant. Faïence bleue décolorée. Art Thébain.
                                                 Haut., 6 cent.

5 — Buste de déesse brisé aux hanches. Faïence bleue décolorée.
Planche 1.   Haut , 4 cent.

6 — Statuette de dieu à tête d'Ibis, brisée aux jambes. Faïence bleue. Art Thébain.
Planche 1.   Haut., 7 cent.

7 — Petite tête d'homme, fragment, en basalte noir. Art Saïte.
Planche 1.   Haut . 3 cent.

8 — Petit vase décoré en faible relief d'oiseaux d'eau séparés par des tiges de fleurs. Ivoire.

Haut., 6 cent.

9 — Trois figures d'ivoire grotesques.

10 — Petit encrier carré en pierre gravée. Art copte, v^e-vi^e siècle.

Haut., 5 cent.

ART GREC ET ROMAIN

11 — Coupe à 2 anses, figures rouges sur fond noir.

Haut., 10 cent.

12 — Deux têtes de statuettes de femmes. Terre cuite. Traces de polychromie.

13 — Petit masque de nègre en terre cuite.

Haut., 4 cent.

14 — Petite figure de femme. Terre cuite.
Planche I.

Haut., 4 cent.

15 — Petite plaque gravée d'une figure de femme, orante. Art alexandrin. Ivoire.

Haut., 9 cent.

16 — Tête de mulet harnaché, avec disque de cuivre dans la bouche, fragment de décoration. Art romain. Os.

Long., 7 cent.

17 — Deux petites lampes antiques et un moule rond. Art copte d'Egypte.

18 — Cerf en bronze vert.

Haut., 12 cent.

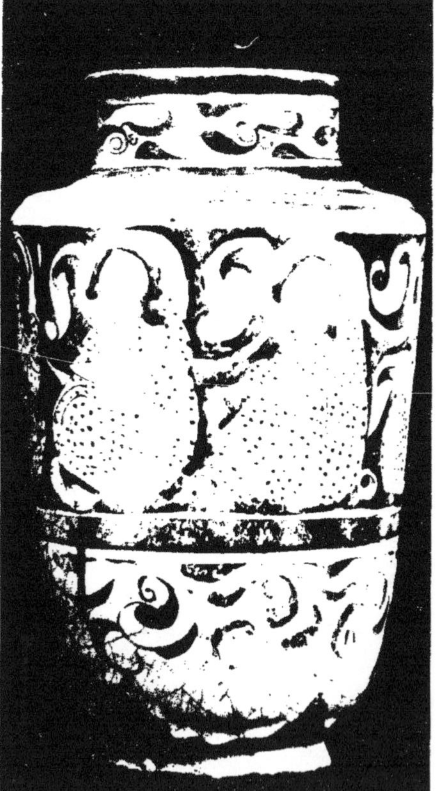

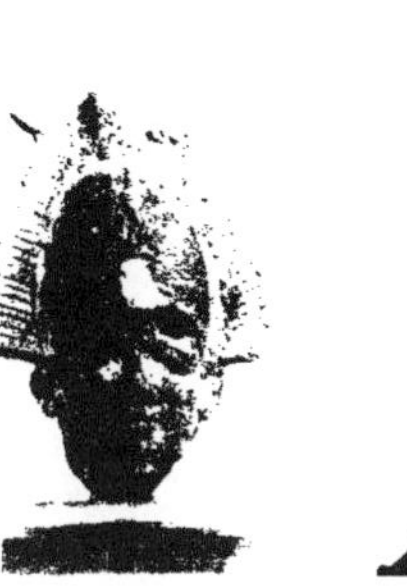

VERRES IRISÉS

19 — COUPE largement évasée, verre irisé vert.

Diam., 12 cent.

20 —. LACRYMATOIRE à double vase, les anses manquent. Verre jaune, filets verts.

Haut., 12 cent.

21 — PETIT VASE ovoïde. Col brisé.

Haut., 7 cent.

22 — PETIT VASE sur pied dont la haute anse se prolonge sur le corps du vase en zigzags de filets de verre.

Haut., 18 cent.

23 — PETITE AIGUIÈRE verre jaune à bec pincé et à anse, filets de verre vert.

Haut., 11 cent.

24 — PETIT VASE à anse dont le corps est enveloppé en spirale de filets de verre vert.

Haut., 12 cent.

25 —- BOUTEILLE de forme très élégante à long col, avec renflement. Verre vert. Art persan, XVIe siècle.

Haut., 19 cent.

26 — HUIT PETITS FLACONS quadrangulaires ou ovoïdes, irisés.

ARTS MUSULMANS

❖ ❖ ❖

CUIVRES INCRUSTÉS D'ARGENT

28 -- CHANDELIER de cuivre repoussé à panse concave décoré de frises d'inscriptions entre deux frises de feuillages dans des entrelacs losangés, et interrompus par des médaillons à rosaces au milieu de vols d'oiseaux. Incrustations d'argent. Art d'Egypte ou de Syrie, XIVe siècle.

Planche II.   Haut., 22 cent. ; diam. de la base, 21 cent.

29 -- PETITE POIRE à poudre décorée de chaque côté de 2 lions en relief affrontés et cabrés. Asie centrale.

Haut., 6 cent.

30 -- AIGUIÈRE cuivre rouge étamé, décor d'inscriptions. XVIe siècle.

Haut., 43 cent.

31 — AIGUIÈRE cuivre étamé, décor de personnages, oiseaux et animaux. XVIIe siècle.

Haut., 35 cent.

32 — AIGUIÈRE bronze incrusté argent et inscriptions or. XVIIIe siècle.

Haut., 32 cent.

33 -- AIGUIÈRE cuivre doré, décor d'ornements. XVIe siècle.

Haut., 24 cent.

34 — AIGUIÈRE cuivre jaune, col orné d'une tête de chimère. XVIe siècle.

Haut., 27 cent.

35 -- CHANDELIER bronze incrusté argent. XVIe siècle.

Haut., 18 cent.

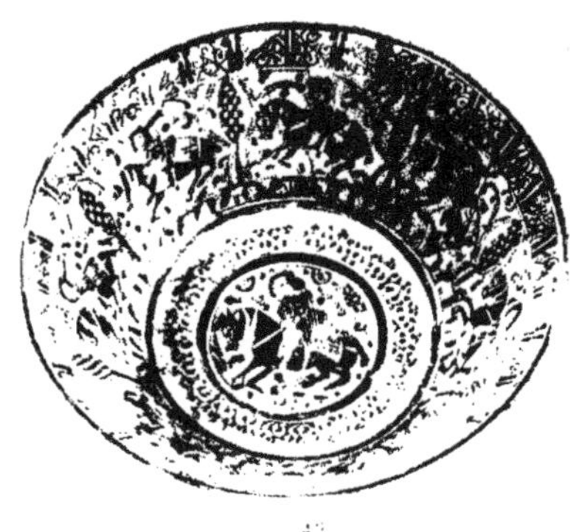

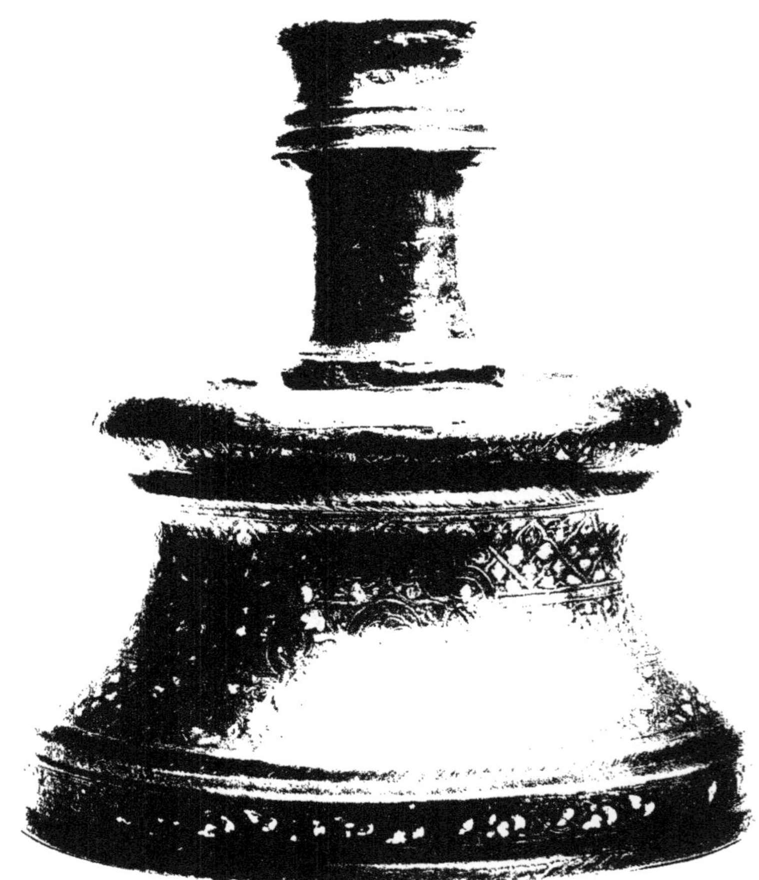

36 — BAS DE CHANDELIER en bronze décoré d'inscriptions et d'ornements incrustés d'argent. XVIe siècle.

Dim.. 19 cent. ✕ 13 cent.

---

37 — COFFRET hispano-mauresque, en écaille incrustée de nacre,
décor de personnages et animaux. XVIe siècle.

38 — DEUX MORCEAUX d'assemblage de porte. Plaques d'ivoire
sculptées d'un motif à rinceaux, incrustées dans le bois. Art
arabe du Caire, XIVe-XVe siècle.

Haut.. 13 cent.

CÉRAMIQUE

39 — PETITE CRUCHE a anse, col court, faïence à couverte verte cra-
quelée. Avant l'ère chrétienne. Fouilles de Suse.

Haut.. 17 cent.

40 — COL de grande bouteille, fragment faïence bleue, irisée en
blanc. Fouilles de Suse.

Haut.. 13 cent.

41 — PETIT VASE tubulaire, faïence émail vert irisé. Fouilles de
Suse.

Haut.. 4 cent.

42 — PETITE AIGUIÈRE à anse droite, faïence à émail bleu irisé.
Fouilles de Suse.

Haut., 12 cent.

43 — UN BOL, faïence de Rhagès, décor de reflets métalliques
sur fond blanc ; au centre du bol, un roi à cheval entouré
d'une large frise de cavaliers. Perse, XIIIe siècle.

Planche II

Diam . 22 cent. 5.

44 — **Vase** faïence de Rhagès, décor de reflets métalliques sur fond blanc ; il est orné de 7 personnages assis entre deux frises d'ornements. Perse, xiiie siècle.

Planche I.   Haut., 26 cent. 5.

45 — **Fragment** de coupe de Rhagès, avec personnage et ornements en reflets d'or et bleu. Perse, xiiie siècle.

46 — **Vase** faïence de Sultanabad, bleu turquoise, décor d'inscriptions en relief. xiiie siècle.

Haut., 23 cent.

47 — **Bol** faïence de Sultanabad, décor de raies bleues et blanches alternées, frise d'inscriptions à l'extérieur. Perse, xiiie siècle.

Diam., 27 cent.

48 — **Bol** faïence de Sultanabad, irisé, décor d'oiseaux, de médaillons noirs sur fond blanc. Perse, xiiie siècle.

Diam., 22 cent.

49 — **Bol** faïence de Sultanabad, décor d'inscriptions et ornements en noir et bleu sur fond blanc. Perse, xiiie siècle.

Diam., 22 cent.

50 — **Bol** faïence de Sultanabad, à décor d'ornements et oiseaux bleus et noirs sur fond blanc. Perse, xiiie siècle.

Diam., 15 cent.

51 — **Plat** à épices, faïence bleu turquoise. Perse, xviie siècle.

Diam., 18 cent. 5.

52 — **Jardinière** faïence de Perse, décor bleu turquoise et noir sur fond blanc, xviiie siècle.

Diam., 19 cent.

53 — **Bouteille** carrée faïence de Perse, décor de personnages et ornements en bleu et manganèse sur fond blanc, xviie siècle.

Haut., 25 cent.

54 — **Vase**, décor floral sur fond blanc. Perse, xvie siècle.

Haut., 36 cent.

55 — VASE faïence, décor d'arbres et d'animaux, bleu sur fond blanc. Perse, XVIIᵉ siècle.

Haut., 37 cent.

56 — VASE faïence, décor vert et noir sur fond blanc. Perse, XVIIᵉ siècle.

Haut., 35 cent.

57 — PORTE-BOUQUET faïence, décor bleu sur fond blanc. Perse, XVIIᵉ siècle.

Haut., 35 cent.

58 — PORTE-BOUQUET, décor bleu sur fond blanc. Perse, XVIIᵉ siècle.

Haut., 25 cent.

59 — VASE faïence, décor d'arbres, d'oiseaux, bleu sur fond blanc. Perse, XVIIᵉ siècle.

Haut., 24 cent.

60 — PLAT faïence de Rhodes, décor de jacinthes, œillets et tulipes sur fond blanc, bord vermiculé noir, XVIᵉ siècle

Diam., 31 cent.

61 — PLAT faïence de Rhodes, décor grenades, œillets et feuillages, XVIᵉ siècle, bord vermiculé noir.

Diam., 30 cent.

62 — PLAT faïence de Rhodes, décor d'œillets, tulipes et jacinthes sur fond blanc, bord vermiculé noir, XVIᵉ siècle.

Diam., 29 cent.

63 — PLAT faïence de Rhodes, décor d'œillets placés au centre de médaillons sur fond blanc, bord vermiculé noir, XVIᵉ siècle.

Diam., 27 cent. 5.

64 — PLAT faïence de Rhodes, motif d'ornement au centre entouré de jacinthes et d'œillets, XVIᵉ siècle.

Diam., 26 cent.

65 — PLAT faïence de Rhodes, décor de feuillages blancs tachetés de rouge sur fond vert, bordure d'ornements, XVIᵉ siècle.

Diam., 26 cent. 5.

66 — Œuf faïence de Rhodes, décor d'ornements rouge, bleu et
vert sur fond blanc. xvie siècle.

Haut., 19 cent.

67 — Chope faïence de Rhodes, décor d'ornements et de fleurs sur
fond blanc. xvie siècle.

Haut., 26 cent.

68 — Chope faïence de Rhodes, décor vert, bleu et rouge sur fond
blanc. xvie siècle.

Haut., 27 cent. 5.

69 — Petite aiguière à anse et à bec pincé, décor de raies et de
palmettes en noir sur émail bleu irisé. Art persan.

Haut., 14 cent.

70 — Petit pot, couverte bleu clair, décor en noir. Art persan.

Haut., 7 cent.

71 — Grande tasse à anse. Émail bleu, décor en noir. Art d'Asie
Mineure.

Haut., 10 cent. ; diam., 9 cent.

72 — Petit vase à couverte blanche. Décor de fleurs en bleu. Art
persan, xviie siècle.

Haut., 9 cent.

73 — Deux aiguières en porcelaine, couverte bleu foncé, brisures
aux cols et aux goulots. Art persan, xviie-xviiie siècle.

Haut., 27 cent.

74 — Plat, décor floral bleu. Koubatcha, Perse.

Diam., 36 cent.

75 — Grand bol à décor floral noir sur fond bleu turquoise (restauré).
Syrie, xviie siècle.

Haut., 24 cent. ; diam., 35 cent.

76 — Grand bol à décor floral noir sur fond bleu clair (restauré).
Syrie, xviie siècle.

Haut., 24 cent. ; diam., 35 cent.

77 — Un **plat** céladon côtelé. xvie siècle.

Diam , 33 cent

78 — Un **plat** céladon côtelé. xvie siècle.

Diam , 34 cent.

79 — Un **grand bol** céladon, décor de fleurs.

Diam., 31 cent.. 5.

FAÏENCES HISPANO-MAURESQUES

80 — **Plat** fond blanc, écusson aux armes d'un cardinal, décor d'arbres et d'animaux, xviie siècle.

Diam . 40 cent.

81 — **Vase** à décor floral, reflets rouges rubis. Espagne, xviie siècle.

Haut., 16 cent. : diam. de l'orifice, 9 cent.

82 — **Petite tasse** à anses ébréchées, décorée au fond d'une fleur bleue au milieu de traits lustrés. Espagne. xvie siècle.

Diam , 11 cent.

83 — **Plat** creux à décor floral stylisé lustré. Espagne, xviie siècle.

Diam . 29 cent.

84 — **Petit plat** creux, décor floral stylisé, reflets rouges. Espagne, xviie siècle.

Diam., 18 cent.

85 — Un **carreau** losangé faïence peinte à deux bleus à banderoles.

86 — **Deux azulejos** (carreaux de revêtement) carrés à entrelacs et décor géométrique, reflets or et bleu. Andalousie, xve siècle.

Diam . 13 cent

87 — **Quatre carreaux** assemblés. *Id.*

88 — Petit carreau, décor géométrique et d'entrelacs, terres incrustées, brunes, vertes et blanches. Andalousie, xve siècle.

9 cent.

89 — Un petit carreau décoré d'un loup et d'un oiseau, terres incrustées noire, verte et jaune. Andalousie, xve siècle.

9 cent.

90 — Deux carreaux terres incrustées de couleur, décor géométrique. Andalousie, xve siècle.

14 cent.

91 — Quatre fragments de frise. *Id.*

92 — Six petits carreaux de terre incrustés de couleurs. Andalousie, xve siècle.

6 cent.

93 — Deux carreaux, un gravé, un en terres colorées.

PLAQUES DE REVÊTEMENT

94 — Fragment de plaque de revêtement décoré d'un cavalier en fort relief, reflets lustrés. Rhagès, xiiie siècle.

95 — Fragment d'étoile, reflets lustrés. Perse, xiiie siècle.

96 — Fragment de plaque décoré en relief d'un éléphant, fond à reflets lustrés. Perse, xive siècle.

97 — Fragment de plaque, émail bleu turquoise, décoré en relief d'une lampe de mosquée suspendue. Perse, xiiie siècle.

98 — Fragment de frise, inscriptions en relief bleues sur fond à reflets. Art persan. Veramin, xive siècle.

Long , 17 cent. ; haut., 17 cent.

99 — Carreau octogonal, décor d'entrelacs blancs sur fond bleu, recollages apparents. Art persan, xve-xvie siècle.

Larg . 20 cent.

100 — Petite étoile, décor d'oiseau bleu turquoise sur une branche noire à feuillages bleus. Art persan, xvie siècle.

Larg., 8 cent.

101 — Carreau carré à inscription cursive, blanche sur fond bleu, surmonté d'une frise avec tiges de fleurs à deux bleus sur fond blanc. Art syrien, xvie siècle.

20 cent.

102 — Carreau avec décor d'un vase projetant des tiges de fleurs sur fond blanc, émaux bleus. verts et rouges. Asie Mineure, xvie siècle.

Haut., 22 cent. ; larg., 25 cent.

103 — Fragment de frise à décor de rinceaux de fleurs, blanches. rouge tomate et vertes sur fond bleu, en émaux de belle qualité. Asie Mineure, xvie siècle.

Larg., 16 cent. ; haut., 5 cent.

104 — Fragment de carreau, fond blanc, décor de rinceaux de fleurs à deux bleus avec frise, décor blanc sur fond bleu coupé en angle. Asie Mineure, xvie siècle.

Larg . 21 cent.

VERRERIES

105 — FLACON en verre fumé, décor de fleurs émaillées. Espagne. XVIᵉ ou XVIIᵉ siècle.

Haut., 16 cent.

106 — VASE en verre fumé, à deux anses en volutes, filets bleus au col. Espagne. XVIᵉ siècle.

Haut., 24 cent.

107 — BOUTEILLE en verre bleu. Art persan, XVIIIᵉ siècle.

Haut., 20 cent.

108 — PETITE AIGUIÈRE, bec brisé et à large orifice, verre blanc, ornements en pastillages de verre bleu. Art vénitien, XVIᵉ siècle.

TAPIS

109 — FRAGMENT d'un tapis de soie décoré dans l'angle de sa bordure d'un grand médaillon vert combiné dans un médaillon rouge avec fond jaune. Art persan, XVIᵉ siècle.

60 cent. × 52 cent.

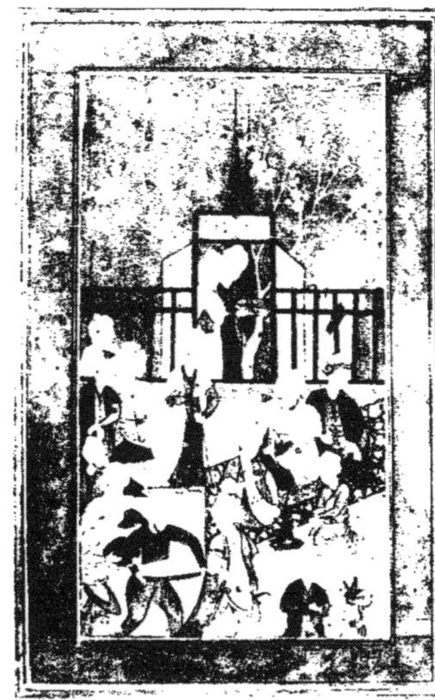

112

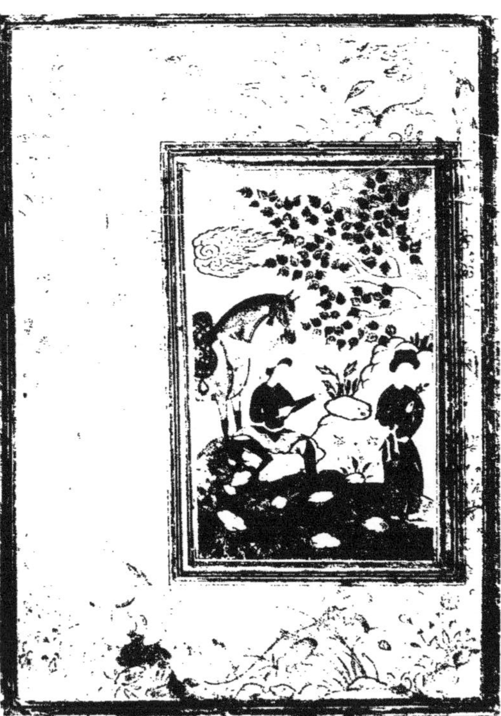

111

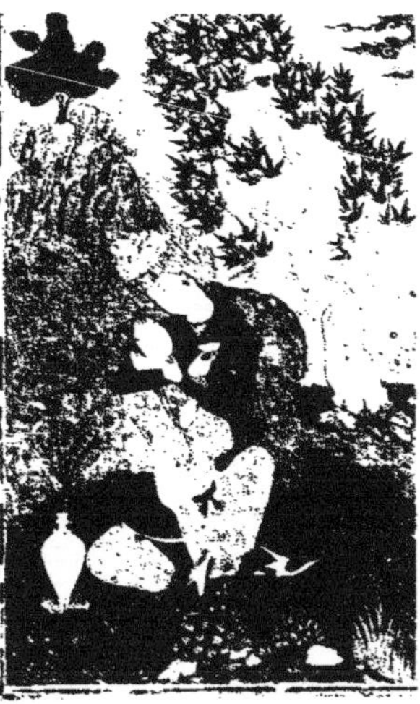

110

MINIATURES PERSANES

110 — JEUNE SEIGNEUR assis dans un paysage rocheux, tenant dans ses bras une femme à laquelle il offre une coupe. École du Turkestan, xv⁰ siècle.

Planche III.   Haut , 19 cent ; larg., 12 cent.

111 — Dans un paysage, sous un ciel violacé, un cavalier descendu de son cheval joue de la viole ; un personnage marchant devant lui tient une fleur. Grande marge avec biches aquarellées en or. École de Herat, xvi⁰ siècle.

Planche III.   Haut., 27 cent ; larg , 19 cent.

112 — Sur une terrasse, devant une balustrade que dépassent des branches de pêchers fleuris sur un ciel d'or, des serviteurs apportent des mets à des personnages assis sur un tapis. École de Herat, xvi⁰ siècle.

Planche III.   Haut., 17 cent ; larg , 9 cent.

113 — FIGURE AILÉE, à corps de bovidé à sabots fendus et galopant, et à tête de femme parée d'un diadème peinte en grisaille avec rehauts d'or. École persane, xvi⁰ siècle.

Haut . 25 cent. : larg., 17 cent.

114 — DÉFILÉ de chevaux sellés et caparaçonnés devant le mur et la terrasse d'une maison. Miniature au revers. Art persan, xvi⁰ siècle.

115 — CHASSE à l'éléphant dans un paysage. Deux miniatures au revers. Art hindou, xvii⁰ siècle.

116 — PERSONNAGE assis jouant d'un instrument de musique. Miniature au revers. Art hindou, xvii⁰ siècle.

117 — PERSONNAGE assis sur une estrade, ouvrant un livre devant un personnage debout, miniature au revers. Art hindou, xvii⁰ siècle.

118 — FEMME dans un paysage tenant un éventail, miniature au revers. Art hindou. XVIIe siècle.

119 — TROIS JEUNES FEMMES hindoues au bord d'une rivière, accompagnées de plusieurs autres personnages, XVIIe siècle.

120 — PORTRAIT d'un sultan fumant un narghilé, derrière lui un serviteur. XVIIe siècle.

121 — MINIATURE portrait d'un sultan hindou, grisaille relevée à la gouache ; le sultan est appuyé les deux mains sur son sabre. Début XVIIe siècle.

122 — MINIATURE hindoue représentant un sultan causant avec son grand vizir et entouré de serviteurs. XVIIe siècle.

123 — PORTRAIT d'un sultan fumant un narghilé. Art turc, XVIIIe siècle.

124 — PORTRAIT d'un jeune homme et d'une jeune femme enlacés. Art hindou, XVIIe siècle.

125 — CADRE de miroir en bois laqué et avec mosaïques dorées, motifs de décor en filets d'os saillants. Art persan, XVIIe siècle.

Haut., 39 cent. ; larg., 29 cent.